DU

CRÉDIT FONCIER

EXAMEM DU TRAVAIL

DE LA COMMISSION DU CONGRÈS CENTRAL D'AGRICULTURE

SUR CETTE QUESTION,

PAR

EUGÈNE DE VEAUCE,

PRÉSIDENT DU COMICE AGRICOLE D'ÉBREUIL (ALLIER).

—

DÉCEMBRE 1850.

—

A Messieurs les Membres du Comice agricole d'Ébreuil.

MESSIEURS,

L'importance de cette grande question a été si bien reconnue, cette année, au Congrès central d'agriculture, que, pour la troisième session, elle a fait l'objet d'une commission spéciale. C'est que là, selon moi, est le remède du mal actuel de la France, là est la mise en valeur de notre territoire.

Donner à toute propriété un crédit qui la rende en partie mobilisable (1) et lui offrir en même temps les plus sûres garanties, tel est l'objet du crédit foncier.

(1) C'est-à-dire qui donne la circulation aux titres qui la représentent.

1851

Il est tout naturel de penser que les changements de nos lois en 1793, aient introduit aussi des changements dans nos mœurs et dans nos habitudes. Il est encore rationnel de comprendre que, par le fait de ces changements divers, nous soyons obligés aujourd'hui de changer plusieurs de ces mêmes lois, dont les conséquences ont outrepassé l'objet de leur institution.

Il est inutile de rappeler ici l'état de subdivision dans lequel se trouve la propriété foncière, comparé à ce qu'elle était il y a cinquante ans. Depuis que cette division du sol a diminué les fortunes en les divisant, chacun a peu à peu vendu sa propriété ou laissé à d'autres mains le soin de faire porter à la terre le plus de fruits possible, dont les produits réalisés furent mangés par le propriétaire à la ville capitale où, là, fuyant dans la foule l'existence dispendieuse qu'il eût été obligé de mener dans sa terre, il laissait cette dernière dans un état d'abandon et privée des soins qu'un propriétaire seul peut donner à sa propriété.

Abandonner la terre et venir à la ville furent les premières causes qui, depuis la première révolution, conduisirent la France dans le dédale où elle se trouve de nos jours.

La réalisation en numéraire des valeurs immobilières, firent tomber ces dernières dans une multitude de mains de spéculateurs, qui réalisèrent tous les avantages de la vente par la subdivision à l'infini, et créèrent le morcellement actuel du sol qui, s'il n'était arrêté bientôt dans de certaines limites, rendrait toute grande culture impossible.

Dans cet état de choses, la soif de l'argent se fit d'autant plus sentir, que l'intérêt allant toujours croissant, finit par établir le produit du numéraire, c'est-à-dire cette monnaie d'échange et de convention, à un taux deux fois plus élevé que la valeur du sol qu'elle représentait. De là aussi la naissance de l'agiotage, des banques à l'infini et de l'usure. Or, qu'est-ce qui fait la richesse d'un pays si ce n'est le sol? Le sol, c'est sa valeur ; le sol, en un mot, c'est la réalité. L'argent n'est qu'une valeur idéale ; et comme il est deux manières d'être riche, l'une par l'argent, l'autre par la terre, on fuit l'une pour s'emparer de l'autre, on abandonne la terre pour posséder l'argent, et cela parce que l'argent se place et se déplace aisément, parce que l'argent n'est astreint à aucune charge, à aucun impôt, parce qu'enfin l'argent est un meuble qu'on fait voir ou qu'on soustrait, qu'on cache ou qu'on fait valoir.

La terre, au contraire, reste là évidente à tous les yeux , elle offre une garantie à toute éventualité ; on ne peut la cacher, donc on peut la saisir.

Pour cela même on l'accable d'impôts, on l'abîme de charges. N'est-il donc pas naturel qu'on l'abandonne pour l'échanger contre un numéraire qui, quoiqu'il ne soit qu'une valeur idéale et de convention, n'en rapporte pas moins, je l'ai dit plus haut, un intérêt de plus du double de celui de la terre.

Telles sont donc les deux formes de richesse qu'on est convenu d'appeler : l'une, le capital, l'autre, la propriété. La richesse d'une nation consistant dans son sol, plus ce dernier est amélioré, plus il produit. Plus les productions augmentent, plus les relations s'étendent ; de là naissent les échanges, avec les échanges commence le commerce, et plus ce dernier prend de l'extension, plus le génie et l'intelligence se développent. Le travail crée les inventions ; celles-ci, à leur tour, enfantent l'industrie.

Le commerce et l'industrie ne sont donc que les filles aînées de l'agriculture, et cependant, nous ne nous sommes pour ainsi dire, occupés, jusqu'à ce jour, que de ces deux premières qui ont grandi sous les apparences de valeurs fictives, et nous avons négligé l'agriculture, délaissé la propriété , qui devaient servir de bases à la prospérité de notre société et aux éléments de production de nos richesses françaises.

Telles sont, Messieurs, les circonstances qui ont amené, depuis un certain nombre d'années, les conséquences fatales sous le poids desquelles se trouve accablée aujourd'hui notre situation financière. Vous en jugerez rapidement en apprenant qu'en ce moment nous avons en France plus de *quatorze milliards* d'inscriptions hypothécaires, dont plus de douze portent intérêt à six et même sept pour cent avec les frais, ce qui produit, chaque année, plus de *huit cents millions de francs*. Et vous remarquerez que la propriété ne produisant que deux et demi à trois pour cent, cette somme devient l'intérêt produit, non plus par douze milliards, mais bien par vingt-quatre milliards d'immeubles ; l'hypothèque, je le répète, donnant un intérêt double de celui que produit la propriété. Si maintenant, à ce chiffre de 800 millions, produit de l'intérêt des hypothèques, vous ajoutez les 280 millions que produit par an l'impôt foncier, vous aurez un total de *un milliard quatre-vingts millions* enlevé, chaque année, au revenu territorial qui, dans tout son ensemble, n'atteint pas le chiffre de *deux millards.*

C'est donc plus de la moitié du revenu total du sol de la France qui s'éloigne, tous les ans, de la propriété, pour aller se jeter dans ce qu'on appelle les affaires de Bourse, d'industrie, de commerce, dans les actions de toutes sortes, dans les sociétés en commandites ou autres, dans les spéculations hasardées, dans l'agiotage enfin : aussi, que de déceptions ! que de revers ! que de ruines où s'engloutissent les fortunes et bien souvent l'honneur !

Si, en raison de ces circonstances, il vous est possible de juger de la situation foncière, situation qui s'aggrave de jour en jour, et qui jette les propriétaires dans une effroyable détresse, il vous sera *à fortiori* plus facile de juger ce que pourrait être la France, si une grande partie de ces sommes pouvaient être judicieusement employées, chaque année, aux bienfaits de l'agriculture.

De quelque côté en France qu'on se retourne, il est un cri qui se fait entendre, chacun appelle : « *la confiance !* » Mais si aujourd'hui elle n'existe pas, cette confiance, parmi les populations au milieu desquelles on la demande sans cesse, c'est que les questions industrielles en ont peut-être bien souvent abusé ; c'est que bien des sociétés ont émis des valeurs imaginaires et trompeuses.

C'est la soif de l'intérêt qui fait que tant de gens se sont jetés dans des entreprises impossibles ; c'est que, pour avoir du capital qui devait rapporter six, sept, huit et même dix pour cent d'intérêt, on vendait de tous côtés des propriétés qui n'en peuvent rapporter que deux et demi, ou bien l'on faisait des emprunts sur hypothèque dans les mêmes proportions. Aussi que d'expropriations forcées !

Tel est le mal, je ne crains pas de le dire, oui, tel est le principe du mal qui nous a amené les évènements de boueversements politiques et financiers au milieu desquels chacun, encore effrayé des banqueroutes et déceptions de la veille, vient demander « *la confiance.* »

La confiance, Messieurs, elle n'est que là où il y a des garanties solides, et ce n'est que sur le sol, sur la propriété foncière, qu'il peut y en avoir. Ce n'est que sur une valeur réelle, apparente à tous les yeux, qu'on peut établir un crédit certain, évident. Tel est le plus rationnel de tous ; on l'appelle « *le crédit foncier.* »

Si j'ai déroulé sous vos yeux, un peu longuement peut-être, les différentes phases de notre situation précaire, c'était pour vous mieux faire appécier le travail de la commission dans ce qui concerne la marche, autrement dit l'intelligence du système dans l'application du crédit foncier.

Les institutions de crédit pour les industries manufacturières et commerciales qui existent chez nous, peuvent déjà vous en donner une idée. La Banque de France, grâce à son privilége, multiplie la circulation du capital. A l'instar des papiers de banque, les effets de commerce, par la rapidité de leur transmission, mettent sans cesse en mouvement la valeur représentative des objets mobiliers ; c'est là ce qui constitue le mécanisme du crédit commercial qui sert si merveilleusement au développement de la richesse publique. Pourquoi ce progrès ne serait-il pas étendu à la circulation de la valeur foncière ? pourquoi cette valeur resterait-elle toujours à l'état de lingot entre les mains du propriétaire, de façon qu'il ne puisse, en quelque sorte, se servir du crédit résultant du gage qu'il possède ? Pourquoi ne créerait-on pas des institutions ayant pour objet de faciliter la circulation du gage foncier ?

Si enfin nous voyons circuler tous les jours ces immenses quantités de billets, dont toute la valeur réside dans les signatures ; billets qui sont acceptés partout, billets de banque comme billets de commerce, partout ils sont reçus pour le chiffre qu'ils indiquent ; et cependant, quelle garantie a-t-on en les acceptant ?

Un billet de banque ou *lettre de gage* (1), quel que soit le

(1) *Lettres de gage, bons hypothécaires, cédules hypothécaires,* signifient la même chose.

nom que vous lui donniez, n'aura-t-il pas pour vous une valeur au moins aussi réelle, si la valeur qu'il représente est garantie par deux fois le double en propriétés libres ? Assurément, oui ; mais il faut la garantie réelle, offerte par une hypothèque parfaitement établie, et c'est la première question à résoudre pour la création de cette nouvelle institution.

Il ne faut plus d'hypothèques occultes, il faut que tout soit au grand jour ; et tel est l'objet de la réforme hypothécaire proposée en ce moment à l'Assemblée de nos représentants.

Une fois les hypothèques connues de tous, le mécanisme de l'organisation du crédit est complètement simplifié.

Une institution centrale sous la surveillance de l'État, ayant son siége à Paris et des ramifications aussi multipliées que possible, en forme de succursales, dans les provinces, a paru à la commission présenter plus de force, plus d'homogénéité, plus de sécurité aux capitalistes, et, par conséquent, une facilité beaucoup plus grande dans la négociation des titres émis.

Elle serait un intermédiaire désintéressé et non une banque alimentée par des actions ; elle serait autorisée à délivrer aux propriétaires des obligations foncières, ayant pour garantie la valeur du sol et susceptibles d'être négociées comme les actions ou effets publics. Ces titres seraient la régularisation, la reconnaissance officielle du crédit réel auquel chaque propriétaire aurait droit. Ils seraient délivrés en quantité proportionnelle à la valeur de la propriété, valeur qui serait déterminée, soit d'après la quotité de l'impôt, soit à l'aide d'une expertise. La libération aurait lieu graduellement et en un certain nombre d'années, par l'amortissement successif du capital indiqué dans le titre.

Dans ce système, quel est le prêteur ? Ce n'est pas l'institution, qui n'avance rien, et ne fait que constater, par l'émission du titre, le crédit de chaque immeuble ; c'est le tiers, à qui ce titre est passé en échange d'une valeur équivalente, et qui en touche l'intérêt au bureau de l'institution.

Quel est l'emprunteur ? C'est le propriétaire, à qui l'obligation est délivrée. En négociant ce titre, il en perçoit la valeur ; et, vis-à-vis de l'institution, il se libère peu à peu, au moyen du paiement annuel de l'amortissement, des intérêts et des frais.

L'institution est donc un simple intermédiaire, qui prend d'un côté les intérêts qu'il verse de l'autre. Quant aux fonds affectés à l'amortissement, ils sont conservés pour être employés à l'annulation successive des lettres de gage, que l'on doit nécessairement éteindre au fur et à mesure que s'opère la libération du gage foncier, sous la réserve, bien entendu, de la redevance que l'institution continuera de recevoir de l'emprunteur, jusqu'à complet amortissement.

Tel est le mécanisme de l'application du crédit foncier établi par la commission du Congrès.

Il ne me reste donc plus, Messieurs, qu'à vous montrer quel devrait être, selon moi, le taux de l'intérêt payable par le propriétaire emprunteur, et jusqu'à quelle proportion la propriété pourrait être hypothéquée par les lettres de gage.

Sur ces deux points, je diffère moi-même de l'opinion d'une partie des membres de la commission, qui voulaient purement et simplement appliquer chez nous les systèmes généralement adoptés en Allemagne, de payer cinq pour cent ainsi répartis : 3 fr. 65 c. pour cent aux intérêts, 1 pour cent à l'amortissement, et le surplus, autrement dit 35 centimes, aux frais de l'institution, aux droits du Trésor, et, s'il y a excédant, au fonds de réserve. Total, cinq pour cent. Vous voyez donc que sur cette somme 1 pour cent seulement étant employé à l'amortissement, il ne faudrait pas moins de 43 ans pour se libérer entièrement. Ce temps m'a paru énorme, et je préférerais voir employer le système appliqué en Écosse, qui consiste à payer en total six et demi pour cent par an, dont trois un quart pour cent servent les intérêts, trois pour cent sont mis de côté pour l'amortissement, et le reste pour les frais. Le grand avantage de ce système est qu'en 22 ans le débiteur se trouve entièrement libéré.

Augmenter le travail du sol et faciliter le dégrèvement le plus prompt de l'hypothèque, doivent être les premiers avantages à chercher à obtenir. Or, la grande difficulté qui résulte de notre état actuel d'hypothèques, n'est pas tant le chiffre de l'intérêt à payer, que l'impossibilité où l'on se trouve de pouvoir rembourser le capital emprunté avec la partie de l'immeuble hypothéqué. Aussi, qu'arrive-t-il le plus souvent? C'est que, pour éviter l'expropriation, on vend le plus tôt possible ; car, sans cela, les intérêts, les frais, l'enregistrement, les renouvellements ont en très peu d'années mangé la propriété. C'est ce que nous voyons tous les jours, et c'est ce que viendrait empêcher l'amortissement, qui diminuerait chaque année une partie de la dette, et ferait retirer, en proportion des sommes qui rentrent, les lettres de gage mises en circulation.

Aujourd'hui, un père de famille qui n'a qu'une terre de 30,000 fr. sur laquelle il a emprunté 10,000 fr. avec hypothèque, paie chaque année, en raison des frais de notaire, d'enregistrement, etc., un intérêt de sept pour cent, ce qui fait 700 francs ; et sa propriété de 30,000 francs ne lui en rapporte en total, à deux et demi pour cent, que 750 francs ; il est obligé de plus à payer les impôts, les charges, les non-valeurs, l'assurance d'incendie, il a à supporter les accidents ; par conséquent, sa propriété de 30,000 fr., quoiqu'il n'en ait hypothéqué que 10,000 fr., ne lui rapporte absolument rien, puisque, pour ces dix mille francs qu'il a empruntés, il donne en frais ou intérêts tout ce que sa terre lui rapporte. Ce n'est donc plus lui qui est le véritable propriétaire, c'est celui qui a hypothèque et qui n'a donné que le tiers cependant de l'immeuble ; il ne s'occupe de rien, il va à la ville, mange les rentes que lui paie le propriétaire qui, dès lors, est devenu le mandataire, l'homme d'affaire du prêteur. Il lui paie tous les trois mois tout l'argent qu'il reçoit, et, au bout de cinq ans, il faut qu'il paie le capital. Oh ! alors, la situation change encore ; non-seulement le propriétaire, emprunteur ne peut pas avoir mis de côté, par son travail sur cette terre de 30,000 fr., de quoi payer les 10,000 francs empruntés ; mais, pour ne pas être exproprié, il faut qu'il subisse un nouvel emprunt au moyen duquel il rembourse le premier. Il recommence alors les frais de notaire, les frais d'enregistrement ; il lui faut donc emprunter une somme plus forte et payer un intérêt plus fort en raison de l'augmentation des frais. Il est aisé de concevoir ainsi qu'au troisième renouvellement de cinq ans, il faut qu'il soit exproprié. Les dix mille francs empruntés lui auront mangé en quinze ans sa propriété de trente mille francs. Ce n'est donc point tant l'intérêt qui l'a ruiné, que l'impossibilité où il s'est trouvé de rendre le capital.

Or, si aujourd'hui on paie six et demi et sept pour cent pour les emprunts hypothécaires, l'on peut donc conserver ce taux de six et demi ; mais alors quelle différente perspective pour le même père de famille qui possède trente mille francs de propriété. Supposons qu'il ait recours, cette fois, à l'institution du crédit foncier.

L'institution, soit qu'elle s'en rapporte à la quotité de l'impôt, soit qu'elle fasse expertiser la propriété, reconnaît qu'elle vaut 30,000 fr. Sur cette valeur, le propriétaire ne peut en hypothéquer que le tiers, soit 10,000 francs ; il signe donc dix mille francs de lettres de gage divisées en coupons de différentes sommes, sur lesquels le gouvernement, comme surveillance, appose son estampille. Ces lettres sont comme des billets de banque ; elles n'ont pas cours forcé, mais elles ont pour les garantir les 30,000 francs de la propriété qui sont hypothéqués par l'institution. On les acceptera d'autant plus qu'elles rapporteront un intérêt de trois un quart pour cent. Une fois les billets en circulation, le propriétaire emprunteur vient apporter tous les six mois ses six et demi pour cent d'intérêt ; la propriété, comme dans l'état actuel des choses, répond du service exact des intérêts. Sur ces six et demi pour cent, trois pour cent sont immédiatement mis de côté pour l'amortissement, 1[4 pour cent sont employés à la caisse de réserve pour les frais, et les trois 1[4 pour cent restants sont remis aux détenteurs de lettres de gage qui se présentent à la succursale de leur arrondissement pour les recevoir, absolument comme cela se fait pour toucher le dividende des coupons de rentes dans les succursales de la Banque.

Ces titres seraient au porteur, ils circuleraient dans toute la France avec une valeur uniforme. Remarquez, dès lors, Messieurs, que si le propriétaire paie chaque année ces six et demi pour cent, chaque année aussi sa dette diminue, et, au bout de vingt-deux ans, il ne doit plus rien et sa propriété se trouve libre de nouveau. Tandis que, par le système actuel, il paye chaque année les mêmes intérêts, augmente sa dette à tous les renouvellements, et doit toujours le capital qui le force à se voir exproprié et à laisser à ses enfants une ruine certaine.

Aussi les conséquences morales et matérielles du crédit

foncier sont-elles évidentes à tous les yeux !... De nos jours,
le père de famille, propriétaire d'une terre qui, par des circonstances indépendantes souvent de sa volonté, se trouve dans
la nécessité d'emprunter le tiers de sa valeur, est-il ruiné s'il
ne la vend pas. Cependant il tient à cette terre qui est son
patrimoine ou que ses labeurs lui ont acquise, il espère dans
les chances de la fortune ; mais bientôt ce terme fatal du rem-
boursement le frappe, il se dégoûte, il perd courage, c'en
est fait de lui, la ruine est en sa présence, le désespoir s'en
empare, il cherche à s'étourdir ; il devient souvent mauvais
père, mauvais mari ; il s'enfonce dans une ruine plus complète
encore, il est exproprié !... Que devient-il ? trop souvent un
mauvais sujet !...

Avec le crédit foncier, au contraire, il sait qu'en payant les
six et demi pour cent d'intérêt, sa dette diminue chaque année ;
il a des enfants en bas âge, ce n'est plus, comme dans la circons-
tance ci-dessus, un homme qui voit sa ruine ; celui-ci, au contraire, voit de jour en jour sa libération ; il travaille avec d'autant plus de courage que sa propriété doit lui rester ; elle ne
peut pas lui échapper par l'expropriation, s'il paye exactement
ses intérêts. Améliorer sa terre est un moyen d'en augmenter
les revenus et d'en tirer plus facilement les *six cent cinquante
francs* qui font le chiffre de l'intérêt de ses *dix mille francs hypothéqués.*

En augmentant les revenus, il augmente naturellement la valeur de sa terre ; mais ce ne sera pas le prêteur qui, comme
dans le cas ci-dessus, profitera de ses améliorations par l'expropriation, ce seront ses propres enfants. « Oui ! pourra-t-il se
dire, j'ai emprunté dix mille francs sur ma terre, je me gênerai
bien, je travaillerai bien pour faire honneur à mes engagements,
mais ce sont mes enfants qui en profiteront : dans vingt-deux
ans, ils auront ma terre, qui vaudra davantage, grâce à mon
travail, et qui sera libre de toute hypothèque. Toutefois, si
l'amortissement libère l'emprunteur en vingt-deux ans, vous
avez sans doute compris que l'emprunteur pouvait se libérer
avant cette époque, et quand bon pouvait lui convenir ; pour
cela faire, il n'a qu'à apporter à la succursale de son arrondissement ou à l'institution centrale du crédit, la somme empruntée

ou plutôt mise en circulation, et l'on retire ses lettres de gage au fur et à mesure qu'on les présente pour en toucher l'intérêt. Elles sont alors échangées par l'institution, qui en donne au porteur la valeur, au moyen de l'argent que lui a remis pour se libérer le propriétaire emprunteur.

Voici maintenant, comme objet de circulation, la différence qui existe entre le billet de banque actuel ou le billet de commerce et la *lettre de gage.* C'est que le premier ne rapporte rien, et que l'autre porte un intérêt de trois et un quart pour cent.

Je suppose que, dans un compte, on reçoive en paiement un *billet de banque de* 1,000 *francs* et une *lettre de gage de* 1,000 *francs ;* l'on met les deux en caisse ; quelques mois plus tard, étant l'époque d'un semestre, le billet de banque de 1,000 francs n'a ni changé ni augmenté de valeur, c'est une valeur morte dans le portefeuille, tandis qu'on touche l'intérêt semestriel de la lettre de gage. De même que si un homme veut avoir chez lui de l'argent en provision, afin de pouvoir s'en servir au premier moment, soit pour une entreprise, une acquisition, une dot, etc., l'emploi de cet argent peut se faire attendre un temps indéterminé, un an, deux ans, que sais-je ? les billets de banque, l'or ou l'argent qu'il aurait dans sa caisse, ne lui rapporteraient rien, tandis qu'il toucherait à chaque semestre l'intérêt produit des lettres de gage dont il serait porteur, et dont il pourrait se servir quand bon lui semblerait.

A tous ces avantages, il en est encore un en faveur de la lettre de gage, c'est qu'elle a pour garantie une hypothèque bien assise d'au moins le double de sa valeur, tandis que le billet de commerce ou la traite industrielle n'ont d'autres garanties que des signatures qui quelquefois sont bonnes aujourd'hui, et peuvent ne pas l'être demain en raison de spéculations souvent dangereuses.

En adoptant que le tiers seul de la propriété puisse être hypothéqué par l'institution, il y aura une bien moins grande émission de titres que si, comme en Allemagne, on admettait de pouvoir hypothéquer jusqu'à concurrence de la moitié ; mais aussi il y aura le double de garanties, et l'augmentation de l'émission des titres numéraires sera suffisamment importante pour faire baisser le taux actuel de l'intérêt du capital.

Ce serait donc détruire l'usure, augmenter considérablement la valeur de la propriété en France, faciliter les transactions, engager les capitaux à se porter vers l'agriculture, répandre les goûts et les habitudes de la campagne, et faire que l'on veuille être propriétaire, tandis qu'aujourd'hui chacun veut vendre sa propriété pour devenir « *capitaliste.* »

Tels sont donc, en réalité, les avantages et le mécanisme du crédit foncier, dont les institutions ont été ainsi établies dans les États d'Allemagne : en Silésie, en 1770, dans la Poméranie, en 1791, — le Danemark, en 1795, — la Prusse, en 1787, — le Mecklembourg, en 1818, — la Pologne, en 1825, — la Bavière, en 1825, — le Wurtemberg, en 1826, — la Westphalie, en 1834, — la Belgique, en 1835, — le Hanovre, en 1842, — la Saxe, en 1844.

Ce n'est donc point une question nouvelle ; depuis près d'un siècle, cette institution de crédit fonctionne en Allemagne. L'agriculture a montré les résultats qui en ont été la conséquence ; aussi les membres de l'Assemblée du Congrès central, délégués de tous les départements de France et réunis au nombre de plus de cinq cents, parmi lesquels se trouvaient la majeure partie des hommes haut placés de la France, comme propriétaires, agronomes, économistes, agriculteurs, membres de l'Institut et de l'Académie des sciences, députés, publicistes, industriels, etc., ont-ils voté à la presque unanimité les vœux suivants auprès du gouvernement :

1° Que la législation soit, le plus promptement possible, modifiée, afin qu'il puisse être créé en France une ou plusieurs associations du crédit territorial, à condition :

Que ces associations soient placées sous la surveillance et non sous la direction de l'État ;

Que, dans aucun cas, les titres émis ou lettres de gage n'aient cours forcé ;

Que les principales bases de l'institution soient l'amortissement du capital par annuités et la transmissibilité des titres sans frais.

2° Que le projet de loi sur la réforme hypothécaire soit mis, le plus promptement possible, en discussion dans l'Assemblée législative ;

3° Qu'en attendant la réalisation des vœux précédemment exprimés par le Congrès relativement à l'impérieuse nécessité de cette réforme, vœux sur lesquels il insiste de nouveau, la purge légale, aujourd'hui restreinte au cas de vente d'immeubles, soit non-seulement permise, mais imposée à l'institution avant toute émission de titres sur les immeubles offerts en garantie.

Depuis les vœux exprimés par le Congrès, vous avez vu, Messieurs, que le gouvernement, les prenant en considération, s'est saisi des deux premières questions qui y ont rapport, c'est-à-dire de la réforme hypothécaire et de l'abolition de l'usure.

E. DE VEAUCE.

CONSIDÉRATIONS A L'APPUI DU CRÉDIT FONCIER.

Les questions du genre de celle du crédit foncier ne peuvent se faire jour au milieu des préjugés que par le fait de la discussion ou par les conséquences des évènements qui les font surgir.

La dépréciation actuelle de l'or nous prouve d'une manière incontestable que le sol, autrement dit la propriété, est la seule valeur réelle ; le système monétaire étant assujetti à toutes les variations que peuvent amener les découvertes nouvelles.

Or, si le sol est la base fondamentale sur laquelle, seule, puisse s'asseoir notre véritable richesse, ce n'est donc aussi que sur le sol seul que l'on peut établir un crédit véritable.

Dans les détails du mécanisme du crédit foncier, bien des gens ne peuvent se faire à l'idée qu'il y aurait des prêteurs à trois 1\4 pour cent d'intérêt. Ce mot *prêteur*, qui les offusque, n'est employé que pour être plus intelligible ; car, en réalité, il n'y a pas de *prêteurs*, ce ne sont que des *détenteurs*, des *porteurs*, qui n'ont rien prêté qui doive porter intérêt, et qui, cependant, en reçoivent des lettres de gage qu'ils ont entre les mains. C'est donc un bénéfice et non le résultat d'un prêt.

En somme, c'est un propriétaire qui se prête à lui-même une partie de sa propriété. La personne qui reçoit ses lettres de gage en payement d'une marchandise ou en échange d'une valeur quelconque, se libère elle-même envers d'autres par le même moyen. Ce n'est, en un mot, qu'un nouveau numéraire dont celui qui l'accepte reçoit soit un bénéfice, soit une prime ou un intérêt de trois 1[4 pour cent.

Celui qui a été payé en lettres de gage et qui peut lui-même en payer ainsi d'autres avec la même monnaie, n'a donc rien prêté ; mais il a reçu en échange de l'objet qu'il a fourni, une valeur qui lui porte intérêt.

C'est donc trancher la difficulté qui existe aujourd'hui pour un prêteur de trouver un emprunteur, et pour un emprunteur de trouver un prêteur. Je le répète, le propriétaire emprunte à son sol une partie de la propriété par fractions de valeurs ; c'est donc le sol qui est le prêteur, et l'institution qui hypothèque la totalité de la propriété pour le tiers émis en circulation, veille à ce que ces fractions de valeurs du sol rentrent annuellement au moyen de trois pour cent, pour qu'au bout de *vingt-deux ans* la propriété se trouve de nouveau libre et entière ; et pour donner à ces fractions émises une valeur plus grande qu'à un numéraire ordinaire, l'institution leur accorde une prime de trois 1[4 pour cent d'intérêt sur les six 1[2 pour cent qu'elle reçoit chaque année du propriétaire.

Un commerçant émet en traites de toutes fractions, soit ses valeurs de créances, soit ses valeurs de marchandises en magasin ; il n'y a même pas de vérification faite pour savoir s'il émet plus de valeurs représentatives qu'il n'a de valeurs réelles ; elles sont acceptées et échangées, au besoin, contre du numéraire. Pourquoi les lettres de gage n'auraient-elles pas les mêmes avantages ?

La propriété offre non-seulement une garantie évidente, mais elle est encore représentée dans la circulation par sa valeur en numéraire, puisqu'elle a été acquise au moyen de ce numéraire.

Eviter l'expropriation, c'est arrêter le morcellement indéfini ; car, si la division de la propriété a pu, par l'augmentation du nombre des propriétaires, rendre des services à la société en multipliant les intérêts attachés au sol, on comprendra que la division dans certaines limites puisse aussi rendre en France des services ; mais on comprendra encore que le morcellement, devenant indéfini, rendrait la culture impossible. Or, qu'on ne s'y trompe pas, la culture particulière rendue impossible, obligerait la culture en commun, qui n'est autre chose que le communisme. Eh bien ! si le crédit foncier ne vient de suite au secours de la propriété, les hypothèques augmenteront, les intérêts grossiront, les expropriations se multiplieront sans bornes, et créeront le morcellement indéfini, qui, lui-même, donnera naissance au communisme.

Si, par le fait de l'expropriation, la terre ne faisait que changer de mains, le mal serait moins grave ; mais c'est que le résultat de l'expropriation est la vente en détail. La propriété d'un seul devient la propriété de vingt-cinq ; ainsi arrivent la subdivision et le morcellement.

Eviter l'expropriation, c'est donc arrêter le morcellement indéfini ; et le crédit foncier seul, par l'amortissement, peut empêcher l'expropriation.

Dans ma pensée, le crédit foncier est la sauvegarde de la société contre le communisme ; car le crédit foncier attache à la terre ; la terre entretient l'union et les relations de famille ; la famille concentre en elle les principes religieux et nationaux , sans lesquels il n'y a pas de société possible.

Toutes les questions nouvelles ont des détracteurs et éprouvent de l'opposition. Pour celle-ci cependant, nous ne serons que les imitateurs des peuples qui , par leur expérience, nous garantissent chez nous le succès et les avantages qui en ont été les résultats chez eux.

Il est plusieurs points sur lesquels chacun s'accorde , c'est que l'agriculture est dans une position désastreuse, sa situation n'est plus tenable. Pour être améliorée il lui faut de l'argent ; pour avoir de l'argent, il lui faut du crédit ; or, quel crédit peut avoir la propriété si ce n'est le crédit foncier ?

Avec du crédit on aura de l'argent ; avec de l'argent, qu'il soit en papier ou en métal, on fera des affaires ; le jour où l'on fera des affaires viendra *la confiance*.

Qu'on se mette donc à l'œuvre, car la gêne de l'agriculture augmente chaque jour, les hypothèques grossissent, les expropriations continuent, les doctrines subversives font des progrès, le communisme nous menace, le mal devient plus grave : il est temps d'employer le remède , dans quelques années il serait *trop tard.* Ce qu'il faut, c'est de l'argent; or, l'argent, c'est la valeur représentative du crédit ; il ne faut donc qu'autoriser les associations de crédit foncier, pour remettre en valeur la propriété, et répandre par l'agriculture de nouveaux éléments d'amélioration et de prospérité pour notre commerce et notre industrie.

E. DE VEAUCE.

Président du Comice agricole d'Ebreuil
(Allier) et cantons réunis.
Délégué au Congrès général d'Agriculture, etc., etc.

IMPRIMERIE H. SIMON DAUTREVILLE ET Cᵉ, RUE NEUVE-DES-BONS-ENFANTS, 3.